Bibliografische Information der Deutschen Nationalbibliothek:

Die Deutsche Bibliothek verzeichnet diese Publikation in der Deutschen National-
bibliografie; detaillierte bibliografische Daten sind im Internet über http://dnb.d-
nb.de/ abrufbar.

Impressum:

Copyright © 2009 GRIN Verlag, Open Publishing GmbH
Druck und Bindung: Books on Demand GmbH, Norderstedt Germany
ISBN: 9783640607006

Dieses Buch bei GRIN:

http://www.grin.com/de/e-book/149798/das-exwost-forschungsfeld-perspektive-
flaechenkreislaufwirtschaft-des

Kathleen Strecker

Das ExWoSt-Forschungsfeld "Perspektive Flächenkreislaufwirtschaft" des BMVBW und des BBR

Theoretische Grundlagen, bestehende und neue Instrumente

GRIN Verlag

GRIN - Your knowledge has value

Der GRIN Verlag publiziert seit 1998 wissenschaftliche Arbeiten von Studenten, Hochschullehrern und anderen Akademikern als eBook und gedrucktes Buch. Die Verlagswebsite www.grin.com ist die ideale Plattform zur Veröffentlichung von Hausarbeiten, Abschlussarbeiten, wissenschaftlichen Aufsätzen, Dissertationen und Fachbüchern.

Besuchen Sie uns im Internet:

http://www.grin.com/

http://www.facebook.com/grincom

http://www.twitter.com/grin_com

Das ExWoSt-Forschungsfeld „Perspektive Flächenkreislaufwirtschaft" des BMVBW und des BBR – Theoretische Grundlagen, bestehende und neue Instrumente

Seminar: Aktuelle Trends der Raumentwicklung
und räumliche Anpassungsstrategien
Fachbereich: 5
Kassel, den 18.02.2009

Kathleen Strecker

Geographie, Politik & Wirtschaft,
Philosophie
Semester: 7

Inhaltsverzeichnis:

1 Einleitung

Trotz stagnierender Gesamtbevölkerungszahl und einer verhaltenen Baukonjunktur ist keine Sättigung der Neuinanspruchnahme von Flächen zu erkennen.[1] Gefragt sind vor allem Flächen für die individuelle Freizeitgestaltung und den Ausbau der Infrastruktur. Neben der individuellen Inanspruchnahme von Flächen rücken zunehmend auch wirtschaftliche Interessen der Flächeninanspruchnahme in den Vordergrund.

Verschiedene Akteure mit unterschiedlichen Nutzungsansprüchen konkurrieren um die begrenzte Ressource „Fläche". Zum Einen sind hierbei die Kommunen zu nennen, welche um die Ausweisung von neuem Bauland wetteifern, da mit einer größeren Bevölkerung höhere Steuereinnahmen und Zuweisungen verbunden sind. Zum Anderen hat die Industrie ein Interesse an der Ausweisung von Neuflächen, denn mit dem Bau von Industrieanlagen außerhalb der Agglomerationen kann „Nachbarschaftsproblemen" aus dem Weg gegangen werden und eine Erweiterung scheint problemlos möglich. Ein weiterer Vorteil ist die gute Anbindung an Bundesstraßen und Autobahnen. Auch Dienstleistungsunternehmen, vor allem der Einzelhandel, verzeichnen einen erhöhten Flächenbedarf. So werden kundenunabhängige Bereiche ins günstigere Umland verlagert. Aber auch der Bau von Supermärkten und anderen Einkaufzentren wird zunehmend auf die „Grüne Wiese" umgesiedelt, da dort einerseits mehr Flächenkapazitäten zur Verfügung stehen und andererseits die Kostenvorteile überwiegen. Dadurch kommt es zu einer „Gefährdung für integrierte Handelstandorte"[2]. Ein weiterer Aspekt der Neuflächeninanspruchnahme ist der individuelle Wunsch nach mehr Wohnfläche.

Seit Jahrzehnten sind Suburbanisierungstendenzen festzustellen. Problematisch bei der Abwanderung ins Umland sind die sinkenden Siedlungsdichten, mit denen ein Steuerverlust in den Städten einhergeht. Zudem führt eine geringe Auslastung der Infrastruktur zu hohen Kosten. Ebenfalls kommt es zum Brachfallen von Flächen in der Stadt. Aus ökologischer Sicht ist außerdem die erhöhte Versiegelung problematisch.

Der wirtschaftliche und demographische Wandel erfordert ein Umdenken „weg von der Siedlungsexpansion, hin zur Bestandserneuerung"[3].

Auf diesem Hintergrund entstand die Forschungsperspektive „Flächenkreislaufwirtschaft", welche Teil des Forschungsprogramms „Experimenteller Wohnungs- und Städtebau" ist. Der Experimentelle Wohnungs- und Städtebau ist ein Forschungsprogramm des Bundesministeriums für Verkehr, Bau und Stadtentwicklung und wird vom Bundesamt für Bauwesen und Raumordnung betreut.

---

[1] Vgl. Perspektive Flächenkreislaufwirtschaft - Band 1; S11
[2] Priebs, Axel: Raumordnung und Raumentwicklung als Zukunftsaufgabe; S.5
[3] Perspektive Flächenkreislaufwirtschaft - Band 1; S.11

3

In der folgenden Ausarbeitung möchte ich zuerst auf die Forschungsperspektive Flächenkreislaufwirtschaft eingehen. Im zweiten Abschnitt werde ich die bestehenden Instrumente in der Flächenkreislaufwirtschaft zur Erreichung der flächenpolitischen Ziele thematisieren. Da diese Instrumente aus verschiedenen Gründen nicht ausreichen, soll im dritten Punkt auf die neuen Instrumente der Flächenkreislaufwirtschaft eingegangen werden. Abschließend werde ich in einem kurzen Fazit die zentralen Inhalte zusammenfassen, kritisch beleuchten und einen kurzen Ausblick geben.

In meiner Ausarbeitung stütze ich mich im Wesentlichen auf die Ausführungen des Abschlussberichtes des Bundesamtes für Bauwesen und Raumordnung zur Flächenkreislaufwirtschaft.

2 Forschungsperspektive Flächenkreislaufwirtschaft – Theoretische Grundlagen

Die Forschungsperspektive Flächenkreislaufwirtschaft wurde 2003 mit einer Laufzeit von drei Jahren initiiert. Ihr Hauptziel ist die Ausschöpfung bestehender Flächenpotenziale.[4] Doch was kann unter einer Flächenkreislaufwirtschaft überhaupt verstanden werden?

Die Flächenkreislaufwirtschaft ist eine Strategie, die die Wiedernutzung von Brachflächen und die Ausschöpfung von Potenzialen, sowie die Bestandsentwicklung in den Blick nimmt. Dabei steht der Nutzungszyklus (Abbildung 1, Anhang S.11) im Mittelpunkt. Im Idealfall würden neue Siedlungstätigkeiten nur auf bereits genutzten Flächen stattfinden.

Warum ist eine Flächenkreislaufwirtschaft erforderlich? Erstens ergibt sich dieses aus dem Gebot des Freiraumschutzes, zweitens sind die bebaubaren Flächen begrenzt und drittens werden wenig ausgelastete und damit teure Infrastrukturkosten vermieden.

Politisch verankert ist dieser Ansatz in der Nationalen Nachhaltigkeitsstrategie der Bundesregierung von 2002 und im Koalitionsvertrag[5] der Bundesregierung von 2005. Ziel ist die Verringerung von 100 Hektar Neuflächeninanspruchnahme pro Tag auf 30 Hektar. Dieses anspruchsvolle Ziel wird durch eine Doppelstrategie verfolgt. Einerseits durch die Qualitätssteuerung, indem Sieldungsflächen aufgewertet werden und andererseits durch eine einschränkende Mengensteuerung, indem die Neuflächeninanspruchnahme begrenzt wird.

Die Ziele der Flächenhaushaltspolitik sind einerseits der Umbau bestehender und brachliegender Flächenpotenziale mit dem Zweck der Wiedernutzung und andererseits die Reduzierung der Inanspruchnahme von Freiflächen zu Siedlungserweiterungen. Verortet sind diese Ziele unter anderem im Raumordnungsgesetz (§2 Abs.2 Punkt1) und im Baugesetzbuch (§1a Abs.2 Punkt1). Der langfristige Politikansatz beruht auf drei Säulen. Erstens auf dem Leitbild einer nachhaltigen und ressourcenschonenden Entwicklung des Raumes, zweitens auf der Etablierung des Kreislaufgedankens als handlungsleitendes Prinzip der Flächennutzung und drittens auf der Entwicklung und dem Einsatz von integrierten Strategien und Instrumenten einer dauerhaft umweltgerechten Bodenpolitik.

Der zentrale Ansatz der Forschungsperspektive Flächenkreislaufwirtschaft sind Planspiele in fünf Beispielregionen[6] Deutschlands mit Problemen der Flächeninanspruchnahme. In diesen Planspielen sind Akteure aus dem öffentlichen und privaten Sektor tätig und

---

[4] Vgl. Perspektive Flächenkreislaufwirtschaft - Band 1; S.66
[5] „Zur Vermiderung der Flächeninanspruchnahme und zur Beschleunigung wichtiger Planungsvorhaben (...) werden wir das Bau- und Planungsrecht für entsprechende Vorhaben zur Stärkung der Innenentwicklung vereinfachen und beschleunigen."
aus: www.bundesregierung.de/Content/DE/_Anlagen/koalitionsvertrag.html; S.62
[6] Stadtregion Stuttgart, Region Mölln, Region Rheinhessen - Nahe, Stadt Duisburg, Planungsregion Nordthüringen

erarbeiten Strategieansätze, Lösungen und Instrumente zur Erreichung der Flächenpolitischen Ziele für eine Region.[7]
Ziel der Flächenkreislaufwirtschaft ist es, die Flächennutzung so auszugestalten, dass zukünftige Generationen nicht eingeschränkt werden. Weitere Ziele sind die erhöhte Effizienz der Flächennutzung, die Stabilisierung der Siedlungsdichten und die Verhinderung von Fehlinvestitionen in überdimensionierte Siedlungsstrukturen. Des Weiteren sollen bestehende Flächenpotenziale mobilisiert werden und eine abgestimmte Siedlungsentwicklung in Stadt und Umland stattfinden. Oberstes Ziel ist jedoch die Reduzierung der Neuflächeninanspruchnahme. Dieses soll vor allem in Form einer Brachflächenreaktivierung, sowie durch Rückbau und die Renaturierung erreicht werden.
Gesteuert wird die Flächenkreislaufwirtschaft durch ein koordiniertes Handeln privater und öffentlicher Akteursgruppen. Planer, Grundstückseigentümer und Flächennachfrager beeinflussen in ihrer jeweiligen Funktion das Flächengeschehen. Weitere einflussreiche Akteure, sind Kommunalpolitiker, -verwaltung, Banken und Umwelt- und Naturschutzverbände. Die öffentliche „Hand" ist hierbei der zentrale Akteur, da sie die Planungsträgerin ist und somit die Weichen für die Flächenkreislaufwirtschaft stellt.
Zusammenfassend bleibt festzuhalten, dass ein Zusammenwirken zwischen Bund, Länder und Kommunen, aber auch zwischen öffentlichen und privaten Akteuren, sowie der Einbezug der Wirtschaft unerlässlich ist.

3 Bestehende Instrumente der Forschungsperspektive Flächenkreislaufwirtschaft

Im Rahmen der Planspiele wurden von April bis November 2005 Instrumente, die das Handeln öffentlicher und privater Akteure beeinflussen, geprüft. Dabei gab es in 7 Handlungsbereichen 29 Instrumente (Abbildung 2, Anhang S.11) mit jeweils 10 – 12 Planspielteilnehmern. Ausgewählt wurden diese Instrumente auf der Basis einer fachlichen Debatte, sowie vor dem Hintergrund der Praktikabilität eines Instrumententests. Isolierte Strategien sind dabei unzureichend.

Im Folgenden werden die einzelnen Handlungsbereiche näher beleuchtet.
Der Handlungsbereich „Planungen" kann in vier Planungsebenen differenziert werden. Die Planung findet zum Einen innerhalb eines öffentlich-rechtlichen Systems und zum Anderen in privater Zuständigkeit, wenn beispielsweise ein Unternehmen ein Planungsbüro beauftragt, statt.[8] Die erste Planungsebene ist die überörtliche Planung zur Koordination der Siedlungs- und Verkehrsentwicklung zwischen den Gemeinden in Form eines Regionalplans. Dieser ist das wichtigste Instrument der Planung. Neben der überörtlichen Planung bildet die

---

[7] Vgl. Perspektive Flächenkreislaufwirtschaft - Band 1; S.66/67
[8] Vgl. Grabski-Kieron, U.: Raumforschung, Raumordnung und räumliche Planung; S.668/669

gesamträumliche Planung auf örtlicher Ebene die zweite Planungsebene. Ein Beispiel ist hier der Flächennutzungsplan. Dieser stellt für einen Zeitraum von 10-15 Jahren die Art der Bodennutzung und die Zuordnungen von Nutzungsfunktionen auf dem Gebiet der Gemeinde dar.[9] Die dritte Ebene umfasst die teilräumliche Planung auf örtlicher Ebene, zum Beispiel das Stadtumbaukonzept. Die vierte und letzte Ebene bildet der Bebauungsplan, in dem die Gemeinde rechtsverbindlich die Nutzung von Grundstücken vorsieht.

Der zweite Handlungsbereich thematisiert die Bedeutung von Informationen. Flächennutzungsrelevante Entscheidungen hängen oft davon ab, welche Informationen den Akteuren zur Verfügung stehen.[10] Dabei kann unterschieden werden in grundstücksbezogene Informationen, ökonomische Informationen und bewusstseinbildende Informationen. Das Wissen der Verwaltung über Flächenpotenziale und –reserven ist die Grundvoraussetzung für den Einstieg in die Flächenkreislaufwirtschaft.

Der dritte Handlungsbereich umfasst die Organisation und Kommunikation. Organisatorische Instrumente sollen dabei Entscheidungszuständigkeiten aufeinander abstimmen und Verwaltungsverfahren vereinfachen. Die Instrumente der Kooperation zielen darauf ab, Probleme und Grenzen zu überwinden, die von einer isolierten Flächenkreislaufwirtschaft einzelner Kommunen ausgehen können.[11]

Der vierte Handlungsbereich ist der des Fördermittels und des Budgets. Die Aufgaben der Flächenbewirtschaftung erfordern allgemein ein erhebliches Maß öffentlichen Mitteleinsatzes zum Beispiel für planerische Grundlagen und die laufende Verwaltung. Ohne öffentliche Förderung sind die Ziele der Flächenkreislaufwirtschaft nicht zu erreichen, insbesondere die Aufbereitung ehemals genutzter Flächen, die nicht einem ökonomischen Zweck dienen.

Der fünfte Handlungsbereich umfasst die Vermarktung, da eine Aktivierung und Nutzung von Baulandpotenzialen nur mit einer guten Vermarktung möglich ist.

Im sechsten Handlungsbereich geht es um Anordnungen, die unmittelbar Rechtspflichten auslösen, zum Beispiel das Gesetz des Rückbaugebots. Der siebte und letzte Handlungsbereich ist die Querschnittsaufgabe und das „Gender Mainstreaming". Dabei richtet sich das Gender Mainstreaming nicht nur auf Frauen aus, sondern erfasst auch differenzierte Lebensformen zum Beispiel Alleinstehende und Alte. Dieser Handlungsbereich wird vor allem notwendig mit Blick auf die alternde Gesellschaft und die Ausdifferenzierung der Lebensformen.

Neben den positiven Aspekten der bestehenden Instrumente, gibt es einige Defizite und Grenzen dieser. In erster Linie ist zu nennen, dass die Potenziale der Instrumente nicht vollständig ausgeschöpft wurden. Ein weiteres Problem ist der mangelnde interkommunale

---

[9] Vgl. Grabski-Kieron, U.: Raumforschung, Raumordnung und räumliche Planung; S. 710
[10] Vgl. Perspektive Flächenkreislaufwirtschaft - Band 2; S.57
[11] Vgl. Perspektive Flächenkreislaufwirtschaft - Band 2; S.64

Interessenausgleich. Die wohl größten Defizite bestehen jedoch in der unzureichenden Anreizstruktur vor allem finanzieller Art, sowohl für Kommunen als auch für Private. Hinzu kommt der enge finanzielle Handlungsspielraum für die Kommunen. Insgesamt gibt es einen Bedarf an neuen reformierenden Instrumenten, die insbesondere ökonomische Anreize für flächensparendes Handeln setzten sollen.

4 Neue Instrumente der Forschungsperspektive Flächenkreislaufwirtschaft

Da die vorhandenen Instrumente nicht mehr genügen, um die vorgegebene Ziele zu erreichen, sollen neue Instrumente die bestehenden ergänzen und ökonomische Anreize setzen. Für die neuen Aufgaben ist das vorhandene Planungsinstrument unzureichend. Ausgehend von der Annahme, dass Akteure keine flächensparenden Entscheidungen treffen, ohne entsprechende finanzielle Anreize zu bekommen, müssen Anreizsituationen sowohl für Kommunen, als auch für Grundstücksnachfrager geschaffen werden.

Was sollen die neuen Instrumente bewirken? Was sind die Ziele? Zum Einen sollen die Grundstückspreise zwischen Stadt und Umland verringert werden und zum Anderen sollen Alternativen zur Kommunalfinanzierung geschaffen werden, um die Zuweisung aus den kommunalen Finanzausgleich weniger einwohnerabhängig zu machen.[12]

Des Weiteren sollen einzelne Kommunen Verantwortung füreinander übernehmen. Den kommunalen Entscheidungsträgern sollen Anreize gegeben werden keine neuen Flächen auszuweisen. Außerdem müssen Finanzierungsinstrumente für die Entwicklung von Flächen ohne ökonomische Perspektive zum Beispiel Renaturierung geschaffen werden. Diese neuen Instrumente wenden sich an die Gestalter der Landes-, Regional- und Kommunalpläne, aber auch an private Wohnungssuchende und institutionell Wohnraumschaffende.

Die neuen Handlungsbereiche sind in fünf Handlungsfelder zu unterteilen. Das erste Handlungsfeld der neuen Instrumente umfasst die Beeinflussung der Grundstückspreise zum Beispiel durch die Reform von Grundsteuer und Grunderwerbssteuer. Denn die Bodenpreise sind die „Schlüsselgrößen der Standortwahl"[13]. Der Bodenpreis kann einen sparsamen Umgang mit der Ressource Fläche bewirken. Für die Siedlungsentwicklung ist die Bedeutung des Bodenpreises ambivalent.[14] Das zweite Handlungsfeld ist die Beeinflussung der Ausweisungsentscheidungen zum Beispiel die Flächenausweisvergabe. Das dritte Handlungsfeld umfasst Finanzierungsmodelle und Subventionen in Form von Versicherungen, Fonds und Kreditvergabe. Das vierte Handlungsfeld beinhaltet die Anpassung sonstiger ökonomischer und rechtlicher Rahmenbedingen an die Erfordernisse

---

[12] Vgl. Perspektive Flächenkreislaufwirtschaft - Band 3; S.24
[13] Aring, Jürgen: Bodenpreise und Raumentwicklung; S.28
[14] Vgl. Raumordnungsbericht (2005); S.60

der Flächenkreislaufwirtschaft. Beispielhaft ist hier der Wegfall der Entfernungspauschale und der Eigenheimzulage. Das fünfte und letzte Handlungsfeld beinhaltet rechtliche und planerische Instrumente, unter anderem die Rückbaupflicht im Innenbereich und die Freistellung von der Eingriffregelung beim Flächenrecycling.

5 Fazit

Die Forschungsperspektive Flächenkreislaufwirtschaft betrachtet den Nutzungszyklus vor allem von Flächen innerhalb der Agglomerationen. Bestehende Flächenpotenziale sollen so aufbereitet werden, dass sie wiedergenutzt werden können. Ziel ist es, möglichst wenig Neuflächen in Anspruch zu nehmen. Um dieses Ziel erreichen zu können, werden verschiedene Instrumente in unterschiedlichen Handlungsbereichen in Betracht gezogen. Diese Handlungsfelder umfassen neben den „traditionellen Instrumenten" zu denen unter anderen Planung, Organisation und Information zählen, auch neue Instrumente, die vor allem ökonomische Anreize setzen sollen.

Doch wie erfolgversprechend ist so eine Flächenkreislaufwirtschaft? Welche Probleme kann es in der Umsetzung der Ziele geben?
Generell ist der Ansatz vielversprechend. Das Argument, dass die Ressource „Fläche" begrenzt ist, ist für jedermann überzeugend. Seine eigenen Interessen dem Ziel der Flächenkreislaufwirtschaft unterzuordnen stößt jedoch auf Widerstand. Denn trotz diverser Anreize Grundstücke innerhalb der Agglomerationen zu bebauen oder zu nutzen, stehen zum Beispiel andere Interessen, wie der individuelle Wunsch auf die „Grüne Wiese" zu bauen oder Erweiterungsaspekte für die Industrie, im Vordergrund. Damit dieser Ansatz erfolgversprechend umgesetzt werden kann, muss das Umdenken von der Siedlungsexpansion hin zur Bestandserneuerung nicht nur in den Köpfen der Planer stattfinden, sondern auf allen Ebenen. Zur Umsetzung dieser Ziele sind sicherlich alle Instrumente erforderlich, dennoch kann den ökonomischen Instrumenten die größte Bedeutung beigemessen werden. Denn es ist nicht davon auszugehen, dass Akteure flächensparende Entscheidungen treffen ohne die entsprechenden finanziellen Anreize.
Generell steht dem Ansatz der Flächenkreislaufwirtschaft ein ganz anderes Problem entgegen, nämlich das, der Eigentumsverhältnisse und Eigentumsrechte. So können die administrativen Ebenen nur begrenzt Einfluss auf die Preise für Grundstücke nehmen, jedoch können generelle Vergünstigungen geschaffen werden unter anderem durch den Wegfall der Entfernungspauschale oder der Änderung der Grunderwerbssteuer. Außerdem verfügen sie nur über geringe Informationen bezüglich der Grundstücke. Die Eigentumsrechte stellen somit eines der größten Probleme dar.

Um die Ziele der Flächenkreislaufwirtschaft umsetzten zu können, müssen vor allem die ökonomischen Anreize bereits genutzte Flächen zu reaktivieren so groß sein, dass andere Interessen für das Bauen außerhalb der Agglomerationen in den Hintergrund rücken.

6 Quellen- und Literaturverzeichnis:

Monographien:

Baugesetzbuch, Deutscher Taschenbuch Verlag, 40.Aufl., München 2007; S.10

Bundesamt für Bauwesen und Raumordnung (Hrsg.): Perspektive Flächenkreislaufwirtschaft: Kreislaufwirtschaft in der städtischen/stadtregionalen Flächennutzung- Fläche im Kreis; ein ExWoSt- Forschungsfeld; Bonn 2006
Band 1: Theoretische Grundlagen und Planspielkonzeption
Band 2: Was leisten bestehende Instrumente?
Band 3: Neu Instrumente für neue Ziele

Bundesamt für Bauwesen und Raumordnung (Hrsg.): Raumordnungsbericht 2005. Bonn, 2005

Grabski-Kieron, U.: Raumforschung, Raumordnung und räumliche Planung in der Bundesrepublik Deutschland. In: Schwenk, W.u.K. Schliephake (Hrsg.): Allgemeine Anthropogeographie. Gotha 2005

Raumordnungsgesetz, Deutscher Taschenbuch Verlag, 40 Aufl., München 2007; S. 384

Zeitschriften:

Aring, Jürgen: Bodenpreise und Raumentwicklung, in: Geographische Rundschau 57 (2005) Heft 3; S.28-34

Priebs, Axel: Raumordnung und Raumentwicklung als Zukunftsaufgabe, in: Geographische Rundschau 57 (2005) Heft 3; S.4-9

Internetlinks:

Koalitionsvertrag   CDU/CSU   und   SPD   November   2005
www.bundesregierung.de/Content/DE/Anlagen/koalitionsvertrag.html
(zuletzt zugegriffen 11.01.2009)

7 Anhang

Abbildung 1

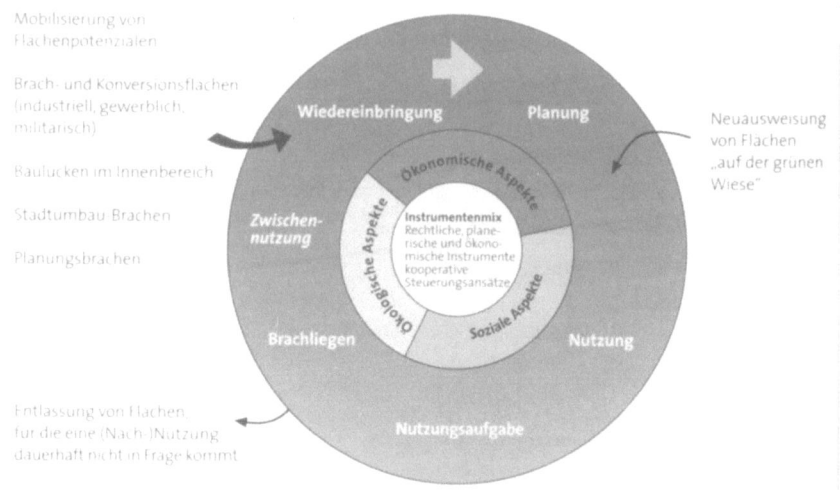

Quelle: Perspektive Flächenkreislaufwirtschaft - Band 3; S.11

Abbildung 2

Handlungsbereiche/ Instrumentengruppe	Instrument
Planung	Regionalpläne
	Interkommunale Planungen
	Flächennutzungspläne
	Stadtumbaukonzepte
	Bebauungspläne
	Renaturierung
Information	Informatorische Prozesse zur Beeinflussung der Grundstückseigentümer
	Informatorische Instrumente zur Beeinflussung flächenpolitischer Entscheidungen in Kommunalpolitik und Verwaltung
Organisation & Kooperation	Organisation innerhalb der Verwaltung
	Aufgabenverteilung in einer stadtregionalen Flächenkreislaufwirtschaft
	Projektbezogene Kooperation öffentlicher und privater Akteure
	Projektübergreifende Formen öffentlich-privater Kooperation
Fördermittel & Budget	Förderprogramme
	Bereitstellung finanzieller Ressourcen aus den Haushalten der Gebietskörperschaften

Vermarktung	Vermarktung durch öffentliche Akteure
	Immobilienwirtschaftliche Vermarktung
Anordnungen	Städtebauliche Entwicklungsmaßnahmen
	Rückbaugebot
Querschnittsaufgabe/ Gender Mainstreaming	Analyse des Flächenverbrauchs unter Genderaspekten
	Geschlechtergerechte Verteilung der Flächennutzung

Vgl.: Perspektive Flächenkreislaufwirtschaft- Band1; S. 40

Abbildung 3

Handlungsbereiche/ Instrumentengruppe	Instrument
Beeinflussung der Grundstückspreise	Reformierte Grundsteuer
	Reformierte Grunderwerbssteuer
Preismechanismen für die Neuausweisung von Flächen	Kosten-Nutzen-Betrachtung
	Abgabe auf die Neuausweisung von Bauflächen oder Neuausweisungsumlage
Fördermaßnahmen & Subventionen	Veränderungen im kommunalen Finanzausgleich
	Zinsbegünstigte Kredite für Innenentwicklung
	Rückbaurücklage
Sonstige ökonomische Rahmenbedingungen	Wegfall Entfernungspauschale
	Wegfall Eigenheimzulage
Rechtliche und planerische Instrumente	Rückbaupflicht im Innenbereich
	Freistellung von de Eingriffsregelung beim Flächenrecycling

Vgl.: Perspektive Flächenkreislaufwirtschaft- Band 1; S.43

13